BEI GRIN MACHT SICH IHR WISSEN BEZAHLT

- Wir veröffentlichen Ihre Hausarbeit, Bachelor- und Masterarbeit

- Ihr eigenes eBook und Buch - weltweit in allen wichtigen Shops

- Verdienen Sie an jedem Verkauf

Jetzt bei www.GRIN.com hochladen und kostenlos publizieren

Matthias Raudszus

Die Transformation der zwei Schwerter bei Wilhelm von Ockham zur Zwei-Reiche-Lehre bei Martin Luther

GRIN Verlag

Bibliografische Information der Deutschen Nationalbibliothek:

Die Deutsche Bibliothek verzeichnet diese Publikation in der Deutschen National-
bibliografie; detaillierte bibliografische Daten sind im Internet über http://dnb.d-
nb.de/ abrufbar.

Impressum:

Copyright © 2009 GRIN Verlag GmbH
Druck und Bindung: Books on Demand GmbH, Norderstedt Germany
ISBN: 978-3-656-95881-9

Dieses Buch bei GRIN:

http://www.grin.com/de/e-book/132985/die-transformation-der-zwei-schwerter-
bei-wilhelm-von-ockham-zur-zwei-reiche-lehre

GRIN - Your knowledge has value

Der GRIN Verlag publiziert seit 1998 wissenschaftliche Arbeiten von Studenten, Hochschullehrern und anderen Akademikern als eBook und gedrucktes Buch. Die Verlagswebsite www.grin.com ist die ideale Plattform zur Veröffentlichung von Hausarbeiten, Abschlussarbeiten, wissenschaftlichen Aufsätzen, Dissertationen und Fachbüchern.

Besuchen Sie uns im Internet:

http://www.grin.com/

http://www.facebook.com/grincom

http://www.twitter.com/grin_com

Universität Rostock
Institut für Politik- und
Verwaltungswissenschaften

Wintersemester 2008/2009
GK/PS Klassiker der Staatsphilosophie I:
Von Platon bis Rousseau

Die Transformation
der zwei Schwerter bei Wilhelm von Ockham
zur Zwei-Reiche-Lehre bei Martin Luther

Inhaltsübersicht   Seite

Literaturverzeichnis

Luther, D. Martin [zit. Luther: WA]
Werke, Kritische Gesamtausgabe
Weimar 1883ff.

Beckmann, Jan P. [zit. Beckmann: Ockham]
Wilhelm von Ockham
München 1995

Duchrow, Ulrich [zit.: Duchrow: Christenheit und Weltverantwortung]
Christenheit und Weltverantwortung: Traditionsgeschichte und systematische Struktur der Zweireichelehre
Stuttgart 1970

Engelberg, Ernst / Kusch, Horst (Hrsg) [zit.: Engelberg/Kusch: Defensor Pacis]
Marsilius von Padua
Der Verteidiger des Friedens
Band 2, Teil I
Berlin 1958

Heckel, Johannes [zit. Heckel, J.: Lex charitatis]
Lex charitatis
Eine juristische Untersuchung über das Recht in der Theologie Martin Luthers
München 1953

Heckel, Johannes [zit. Heckel, J.: Irrgarten]
Im Irrgarten der Zwei-Reiche-Lehre
Zwei Abhandlungen zum Reichs- und Kirchenbegriff Martin Luthers
München 1953

Junghans, Helmar [zit. Junghans: Ockham]
Ockham im Lichte der neueren Forschung
in: Maurer / Rengstorf / Sommerlath / Zimmermann
  Arbeiten zur Geschichte und Theologie des Luthertum
  Band XXI
  München 1967

Kölmel, Wilhelm [zit. Kölmel: Regimen Christianum]
Regimen Christianum. Weg und Verhältnisse des Gewaltenverhältnisses und des Gewaltenverständnisses
Berlin 1970

Kölmel, Wilhelm [zit. Kölmel: Ockham]
Wilhelm Ockham und seine kirchenpolitischen Schriften
Essen 1962

Levison, Wilhelm [zit. Levison: Lehre von den beiden Schwertern]
Die mittelalterliche Lehre von den beiden Schwertern
in: Deutsches Archiv für Erforschung des Mittelalters (DA) Band 9 (1952), 14-42

Mantey, Volker [zit. Mantey: Zwei Schwerter]
Zwei Schwerter - Zwei Reiche
Martin Luthers Zwei-Reiche-Lehre vor ihrem spätmittelalterlichen Hintergrund
Tübingen 2005

Miethke, Jürgen [zit. Miethke: Dialogus]
Wilhelm von Ockham
Texte zur politischen Theorie - Exzerpte aus dem Dialogus
Stuttgart 1995

Oberndörfer, Dieter / Rosenzweig, Beate [zit. **Oberndörfer/Rosenzweig:** Staatsphilosophie]
Klassische Staatsphilosophie
Texte und Einführungen von Platon bis Rousseau
München 2000

1. Einleitung

Das heutige Staatsverständnis wird maßgeblich von den Beziehungen der Bürger untereinander und ihrem Verhältnis zu den jeweiligen Regierungen bestimmt. Religiöse und theologische Fragen sind für die Bestimmung der Staat-Bürger-Relation dabei seit jeher von entscheidender Bedeutung gewesen.

Luther stellt 1523 seiner Schrift „Von weltlicher Obrigkeit, wie weit man ihr Gehorsam schuldig sei" Zitate von Paulus im Römerbrief („Jeder soll sich der Ordnungsmacht des Staates fügen. Denn es gibt keine staatliche Gewalt, die nicht von Gott verliehen wird. Wer sich also gegen diese staatliche Gewalt auflehnt, widersetzt sich der Anordnung Gottes und wird hierfür bestraft werden"[1]) und Petrus („Fügt euch um des Herrn willen jeder von Menschen gesetzten Ordnung. Ordnet euch dem Kaiser unter, der an höchster Stelle steht, und ebenso seinen Vertretern, die er eingesetzt hat, um jeden zu bestrafen, der Unrecht tut, aber den der das rechte tut mit Anerkennung zu belohnen"[2]) voran[3]. Diese Schrift stand nachfolgend häufig im Mittelpunkt theologischer und allgemein staatsphilosophischer Betrachtungen. Insbesondere mit der daraus abgeleiteten sogenannten Zwei-Reiche-Lehre[4] wurde Martin Luther vielfach als Kronzeuge für die politische Entwicklung besonders in Deutschland herangezogen. Fast scheint es aber, als hätten gerade jene Rezipienten der Obrigkeitsschrift, die Luther als Gewährsmann für politisches Handeln heranzogen nicht oder nicht viel mehr als die o. g. hinlänglich bekannten Bibelzitate gelesen oder verstanden. Jedenfalls sollte die Reduktion Luthers auf „Obrigkeitsstaat" und „Obrigkeitsgehorsam", insbesondere für das Regime des Dritten Reichs, künftig eine zentrale Rolle spielen. Aber gerade die Inanspruchnahme dieser Lehre durch Diktaturen des zwanzigsten Jahrhunderts forderte Theologen, Philosophen und Staatsrechtler zu Widerspruch oder Parteinahme heraus. Sie schufen jedoch mit ihren Interpretationen um die Zwei-Reiche-Lehre herum einen „Irrgarten"[5] ausufernder Literatur, die nicht immer zu vermehrter Klarheit über Luthers Theologie beigetragen hat.[6]

---

[1] Röm. 13; 1,2 [Alle Bibelübersetzungen nach: „Die Bibel in heutigem Deutsch" Berlin und Altenburg 1983]

[2] 1. Petr. 2; 13,14

[3] **Oberndörfer/Rosenzweig:** Staatsphilosophie, S. 161

[4] Der Begriff „Zwei-Reiche-Lehre" geht keineswegs schon auf Luther selbst zurück. Seine Schriften über die Rolle eines Christen in der Welt sind vielmehr situationsbezogen entstanden und wurden von ihm nicht selbst zu einem Lehrwerk zusammengefasst oder gar systematisiert. Erst knapp 500 Jahre nach Luther führt Karl Barth 1938 in seiner Schrift „Rechtfertigung und Recht" den Terminus „Zwei-Reiche-Lehre" ein. (**Mantey:** Zwei Schwerter, S. 2)

[5] **Heckel, J.:** Irrgarten, S. 3

[6] Umfassend zum Schrifttum: **Mantey:** Zwei Schwerter S. 1-12

Ein besseres Verständnis von Luthers staatsbezogenen Schriften mag sich aus der Betrachtung des historischen Kontextes ergeben, aus dem heraus Luthers Werk entstanden ist. Der Zusammenhang von Luthers Zwei-Reiche-Lehre mit den spätmittelalterlichen Schriften insbesondere des Marsilius von Padua und Wilhelms von Ockham ist bislang wenig bearbeitet worden.[7] Weithin bekannt und untersucht sind die Wurzeln der Zwei-Reiche-Lehre in den *civitates* des Augustinus. Zwischen Augustinus und Luther liegen allerdings mehr als eintausend Jahre Rezeptionsgeschichte. Luther selbst war in der Disputationstradition Wilhelms von Ockham geschult und sah sich auch als dessen Schüler.[8] Insofern kann ein Blick zumindest auf die spätmittelalterlichen Theologen, von denen hier besonders Wilhelm von Ockham herausgegriffen werden soll, Luthers Glaubensverständnis und seine Transformation der zuvor maßgeblichen Lehre von den „zwei Schwertern" zur Zwei-Reiche-Lehre erhellen. Dabei soll der Schwerpunkt dieser Arbeit nicht in der Erörterung der Zwei-Reiche-Lehre insgesamt liegen. Vielmehr soll versucht werden, ihre Entwicklung von der spätmittelalterlichen Zwei-Schwerter-Lehre bis zu Luthers Gewaltentrennung darzustellen.

---

7 **Mantey:** Zwei Schwerter, S. 8
8 **Junghans:** Ockham S. 22L; **Mantey:** Zwei Schwerter S. 158

2. Geschichtlicher Hintergrund

Zum besseren Verständnis der theologischen Debatten zu Beginn des 14. Jahrhunderts, also der Wirkungszeit Wilhelms von Ockham scheint es hilfreich, einen kurzen Blick auf die äußeren Umstände, politischen Konstellationen und Machtverhältnisse sowie deren Reflexion in der Wissenschaft dieser Zeit zu werfen.

2.1. Die politische Situation um 1300

Die politische Situation des Spätmittelalters im Übergang zur Renaissance wird u. a. markiert durch das Ende der Stauferherrschaft nach Absetzung Friedrich II. durch Papst Innozens IV. 1245. Es folgte eine Zeit schwacher Könige und die Herausbildung des deutschen Kurfürstenkollegs.

Auch wenn der Investiturstreit um die 11. Jahrhundertwende eigentlich mit dem Wormser Konkordat von 1122 beendet worden sein sollte, dauerten die Konflikte zwischen den jeweiligen Päpsten und den weltlichen Herrschern an, ja sie verschärften sich zu Beginn des 14. Jahrhunderts wieder. Besonders zwischen dem französischen König Philipp IV. und Papst Bonifaz VIII. kommt es zum Ende des 13. Jahrhunderts zu Auseinandersetzungen über das Besteuerungsrecht und die Bischofsinvestitur.[9] Wiederum kommt der alte Konflikt zwischen naturrechtlich beanspruchter Handlungshoheit weltlicher Mächte gegenüber der göttlichen Legitimation des Papstes zum Ausdruck. Er mündet päpstlicherseits diesmal in der Bulle *Unam sanctam* im Jahre 1302.

2.2. Die Rezeption der zwei Schwerter bis 1300

Die politische Auseinandersetzung zwischen dem französischen König Philipp IV. und Papst Bonifaz VIII. wird begleitet von zahlreichen Schriften der streitenden Parteien. Im Mittelpunkt des theologischen Diskurses stand hierbei die Auseinandersetzung um Rolle, Gewicht und Funktion der „zwei Schwerter".

Die Verwendung des Begriffs der *duae postates* oder *auctoritates* geht bereits auf Papst Gelasius I. in den neunziger Jahren des 5. Jahrhunderts zurück. Seit Petrus Damiani (1006 – 1072) werden sie in allegorischer Auslegung von Lk 22,38 („Die Jünger sagten: ‚Herr, da haben wir zwei Schwerter!' ‚Ihr versteht mich nicht', antwortete Jesus) als zwei Schwerter der weltlichen und geistlichen Macht verstanden, die gleichberechtigt nebeneinander

---

9   **Mantey:** Zwei Schwerter S. 16, 19

wirken sollten.[10] Erstmals wohl durch Bernhard von Clairvaux[11] (1090 – 1153) wurde mit der Heranziehung von Mt 26,52 („Aber Jesus befahl ihm: ‚Steck dein Schwert weg; denn wer zum Schwert greift, wird durch das Schwert umkommen.'") und Joh 18,11 („Jesus sagte zu Petrus: Steck dein Schwert weg! Diesen Leidenskelch hat mein Vater für mich bestimmt. Muss ich ihn dann nicht trinken?'") zur ergänzenden Auslegung von Lk 22,38 eine Subordination des weltlichen unter das geistliche Schwert postuliert. Bernhard von Clairvaux stützt diese Unterordnung auf das Wort *tuum* (dein) in beiden Bibelstellen. Danach liege das Schwert zwar in weltlicher Hand und dürfe nicht durch die Kirche geführt werden; ihr obliege aber die Befehlsgewalt darüber.[12]

Damit blieben aber durchaus Fragen offen bzw. wurden gerade durch die Verknüpfung von Lk 22,38 mit Mt 26,52 erst recht offenbar: Kann Mt 26,52, in dem überhaupt von nur einem Schwert die Rede ist, als weiterer Beleg für die Ausdeutung der zwei Schwerter in Lk 22,38 herangezogen werden? Und welches Schwert zog Petrus dann in Mt 26,52 und Joh 18,11? Das weltliche oder das geistliche? Ebenso kann in einer Scheide auch nur ein Schwert stecken. Auch wenn Bernhard von Clairvaux für sich zu einer schlüssigen Deutung kam, schlief die Kontroverse um die zwei Schwerter damit keineswegs ein. Schließlich galt es auf beiden Seiten auch den Anspruch auf erhebliche materielle Güter zu sichern.

In Folge des Investiturstreites entstanden noch zahlreiche weitere Schriften zur Verhältnisbestimmung der beiden Schwerter. Das vorläufige Finale dieser Diskussion gegen Ende des 13. Jahrhunderts wird auf kurialistischer Seite maßgeblich durch Aegidius Romanus (1243-1316) eingeleitet, der an der totalen Subordination der weltlichen unter die geistliche Macht gemäß der Auslegung Bernhards von Clairvaux festhält. Aegidius greift neben der bernhardinischen Deutung von Lk 22,38 zusätzlich noch auf die alttestamentarische Quelle bei Jer 1,10 zurück[13] ("Von heute an hast du Macht über Völker und Königreiche. Reiße aus und zerstöre, vernichte und verheere, baue auf und pflanze an!").

Auf der antikurialistischen Seite steht ihm u. a. Johannes Quidort von Paris (1255/60-1306), wie Aegidius auch ein Schüler Thomas von Aquin, gegenüber. Quidort wendet sich u. a. gegen die allegorische Auslegung von Lk 22,38. Eine Allegorie könne nur zur Lehre erhoben werden, wenn sie auch durch weitere externe Zeugnisse zu bele-

---

[10] **Levison:** Lehre von den beiden Schwertern S. 29, 32; **Mantey:** Zwei Schwerter S. 15
[11] **Levison:** Lehre von den beiden Schwertern S. 32;
[12] **Levison:** Lehre von den beiden Schwertern S. 32; **Mantey:** Zwei Schwerter S. 15
[13] **Mantey:** Zwei Schwerter, S 23

gen sei. Und eben dies sei bei Lk 22,38 nicht der Fall. Hingegen liefere Eph 6,17 („Die Gewissheit eurer Rettung sei euer Helm, und das Wort Gottes das Schwert, das der Geist euch gibt.") eine klare Bedeutungszuweisung für das Schwert eben als Wort Gottes.[14]

Im Jahre 1302 wird mit der Bulle *Unam sanctam* durch Papst Bonifaz VIII. letztlich Clairvauxs und Aegidius Interpretation des Verhältnisses der beiden Schwerter zueinander und die Notwendigkeit kurialer Heilsvermittlung endgültig sanktioniert. Die Bulle *Unam sanctam* gilt damit zwar seither als Höhepunkt in der Jahrhunderte während Auseinandersetzung um das Kräfteverhältnis zwischen weltlicher und geistlicher Macht.[15] Sie konnte aber dennoch nicht dauerhaft den klerikalen Herrschaftsanspruch über weltliche Könige und Kaiser durchsetzen.

2.3. Situation zu Beginn des 14. Jahrhunderts

Die Wiederbelebung des Kaisertums durch die Krönung Heinrichs von Luxemburg zum Kaiser in Rom 1310 ließ den Streit um die Subordination der beiden Schwerter neu entflammen. Heinrich von Luxemburg hatte zuvor gegenüber Papst Clemens V. seine Bereitschaft zur Unterwerfung des weltlichen Imperiums unter die kirchliche Herrschaft angeboten.

Heinrichs Nachfolger, Ludwig der Bayer (zunächst nicht römisch-deutscher Kaiser sondern nur deutscher König) wendet sich nach seinem Sieg über den päpstlichen Kandidaten für die Kaiserkrone, Friedrich dem Schönen, gegen Papst Johannes XXII. und wirft ihm den Einsatz kirchlicher Strafmittel gegen politische Gegner und damit eine Verletzung weltlicher Hoheitsrechte vor. Auch im Streit um das Armutsideal der Kirche bezieht Ludwig Stellung gegen den Papst. Johannes XXII. lässt Ludwig 1324 wegen Unterstützung der Ketzerei exkommunizieren. Dessen ungeachtet lässt sich Ludwig der Bayer 1327 in Rom ohne päpstliche Mitwirkung auch zum römisch-deutschen Kaiser krönen. Auf seinem Rückweg nach München treffen im September 1328[16] in Pisa der frischgekrönte Kaiser und aus Avignon geflohene minoritische Theologen aufeinander, unter ihnen Michael von Cesena und Wilhelm von Ockham[17] (ca. 1285-1347/50[18]). Am Münchner Kaiserhof sollte Ockham noch auf weitere antikurialistische Dissidenten treffen, unter ihnen Marsilius von Padua:

---

14 **Mantey:** Zwei Schwerter, S. 51
15 **Kölmel:** Regimen Christianum, S 406
16 **Beckmann:** Ockham S. 23
17 **Junghans:** Ockham, S. 259; **Mantey:** Zwei Schwerter S. 81
18 **Beckmann:** Ockham, S. 19; **Junghans:** Ockham, S. 37;

3. Marsilius von Padua

Über das Leben des Marsilius von Padua ist nur wenig bekannt. Seine Geburt in Padua wird zwischen 1275 und 1290, sein Tod auf 1342/43 datiert. Gesichert scheint neben medizinischen, theologischen und naturphilosophischen Studien sein Wirken als Magister artium in Paris, wo er im Winter 1313 auch kurzeitig als Rektor der Universität wirkte. Auch auf die Kaiserkrönung Ludwigs des Bayern 1327 in Rom hatte Marsilius offenbar maßgeblichen Einfluss.[19]

1324 erscheint in Paris Marsilius Hauptwerk *Defensor pacis*[20]. Dessentwegen durch die Inquisition verfolgt, flieht er 1326 an den Königshof Ludwigs des Bayern. Folgende Sätze erregten die besondere Aufmerksamkeit der Inquisition: Christus habe durch Zahlung des Zinsgroschens seine Unterordnung unter die weltliche Gewalt bezeugen wollen. Petrus habe nicht mehr Autorität als die übrigen Apostel. Der Kaiser könne den Papst ein- und absetzen oder bestrafen. Alle Priester seien in der Rangstufe gleich. Die Priester haben keine Strafgewalt aus sich heraus, sondern nur durch Verleihung durch den Kaiser.[21]

Marsilius Bekenntnis zur eindeutigen Trennung von weltlichem und geistlichem Schwert im *Defensor pacis* lässt an Deutlichkeit wenig zu wünschen übrig. Ja, er „degradiert" die geistliche Welt in den Rang einer Staatsfunktion.[22] Es mag wohl nur seiner frühen Geburt und dem daher noch fehlenden Buchdruck geschuldet sein, dass sein Werk nicht schon zweihundert Jahre vor Martin Luther die Welt aus den Angeln hob.

4. Wilhelm von Ockham

Auch über die frühen Jahre Wilhelms von Ockham ist so gut wie nichts bekannt.[23] Aussagen über seine möglichen Lehrer, u. a. Duns Scotus, sind bislang auch wegen der Unklarheit über Ockhams Geburtsjahr und der damit verbundenen Frage, ob er überhaupt alt genug war, um Scotus vor dessen Weggang aus Oxford 1304 zu begegnen, nicht eindeutig zu belegen. Sein theologisch-philosophisches Hauptwerk, der Sentenzenkommentar, stammt aus seiner Zeit als Dozent in Oxford zwischen 1317-1319, die seinem dortigen Studium folgte.

---

[19] **Engelberg/Kusch**: Defensor Pacis, S. XV ff; **Oberndörfer/Rosenzweig**: Staatsphilosophie S. 123

[20] **Engelberg/Kusch**: Defensor Pacis

[21] **Mantey**: Zwei Schwerter, S. 81

[22] **Mantey**: Zwei Schwerter, S. 86

[23] Zu biografischen Angaben ausführlich: **Beckmann**: Ockham S. 19ff; **Junghans**: Ockham S. 25ff

1324 wird Ockham nach Avignon an den päpstlichen Hof zitiert, wo ihn sein Gegen-
spieler aus der Oxforder Zeit, Johannes Lutterell, in 56 Anklagepunkten der Lehrabwei-
chung in seinem Sentenzenkommentar bezichtigt. Auch wenn Lutterell seine Zweifel an
der Orthodoxie Ockhams mit dessen Kritik an der uneingeschränkten Jurisdiktionsgewalt
des Papstes und damit am grundsätzlichen kirchlichen Herrschaftsanspruch begründete,[24]
war Ockham bis dahin an den Auseinandersetzungen auf der politischen Bühne nicht
beteiligt.[25] Erst durch den Auftrag des Ordensgenerals der Franziskaner, Michael von
Cesena, befasste er sich intensiv mit dem Armutsstreit und den Konstitutionen Johannes
XXII.[26] Die Distinktion der zwei Schwerter war jedoch auch hier noch nicht von zentraler
Bedeutung. Möglich ist aber, dass durch Ockhams erneut papstkritische Position im
Armutsstreit seine spätere antikurialistische Haltung in seinem Hauptwerk zur Verhält-
nisbestimmung der beiden Schwerter, dem *Dialogus*[27], vorbereitet wurde.

Es bereitet Schwierigkeiten, stets Ockhams eigene Meinung aus seinen Texten her-
auszufinden, da er versucht, unterschiedliche Argumente neutral nebeneinanderzustellen[28]
und Positionen anderer Autoren nicht immer kenntlich gemacht hat.[29] So wählt Ockham
im *Dialogus* die Form eines Lehrer-Schüler-Gesprächs, wobei er die beiden Gesprächs-
partner zu den verschiedenen Fragestellungen jeweils unterschiedliche Argumente und
Positionen vortragen lässt.[30]

4.1. Die Eigentumsfähigkeit des Menschen

Zunächst begreift Ockham in seinem *Dialogus* „das christliche Gesetz [...] kraft seiner
Einsetzung durch Christus als ein Gesetz der Freiheit im Verhältnis zum alten Gesetz, das [...] ein
Gesetz der Knechtschaft war. Wenn aber der Papst von Christus solche Gewaltenfülle erhalten
hätte, dass er alles vermöchte, was nicht gegen das göttliche Gesetz und nicht gegen das Natur-
gesetz verstößt, dann wäre das christliche Gesetz [...] ein Gesetz [...] erheblich größerer Knechtschaft, als es das alte Gesetz gewesen ist. Also hat der Papst von Christus nicht solche Gewalten-

---

24 **Beckmann:** Ockham S. 27
25 **Junghans:** Ockham S. 31 ff
26 **Beckmann:** Ockham, S. 21; **Junghans:** Ockham S. 36
27 **Miethke:** Dialogus
28 **Mantey:** Zwei Schwerter, S. 87; **Miethke:** Dialogus, S. 11
29 **Junghans:** Ockham, S. 91 ff (93);
30 Im Zusammenhang mit einer ihm zugeschriebenen Äußerung gegenüber Ludwig dem Bayern 1328 in Pisa,
    die seine Wahrnehmung als Opportunist zwar nicht gebietet aber immerhin zulässt, wirft diese Darstel-
    lungsweise Ockhams Fragen nach möglichen charakterlichen Eigenheiten auf, ohne das dadurch jedoch
    seinen Beitrag zur Entwicklung der Zwei-Schwerter-Lehre geschmälert würden. [„Verteidige mich mit dem
    Schwert und ich werde dich mit der Feder verteidigen." **Junghans:** Ockham, S. 260)]

fülle in geistlichen wie in weltlichen Angelegenheiten"[31] Ockham formuliert weiter die Ansicht,[32] dass der Mensch bereits im Urzustand eine unmittelbar von Gott legitimierte vernunftgeleitete Verfügungsgewalt über die irdischen Güter inne habe, die er durch den Sündenfall mit allen Kreaturen im Überlebenskampf teilen müsse. Damit ist die entscheidende Weichenstellung bereits seit Anbeginn vorgenommen: Es bedarf keiner kirchlichen Besitz- und Gewaltenvermittlung an den Menschen. Gott gewähre allen Menschen gleichermaßen das Recht auf Eigentum, dessen positiv-rechtliche Bestimmung müsse aber zwischen den vernunftbegabten Menschen selbst getroffen werden. Der Gefahr der ungerechten Eigentumsbestimmung setzt Ockham das Notrecht entgegen. Es setze allen rechtlichen Bestimmungen eine Grenze in dem Recht aller Menschen zur Lebensunterhaltung, dem *bonum commune*, „das die privaten Güter überragende Gut der Gemeinschaft, das inhaltlich wie formal das Sein des Staates qualitativ bestimmt, die Staatsgewalt antreibt wie einschränkt und sich auch bis zu den äußersten grenzen gegen das private Gut ausdehnen kann."[33]

Analog zum göttlichen, unmittelbar verliehenen Eigentumsrecht verfüge der Mensch auch über das Recht, die Fähigkeit und die Vernunft zur staatlichen Organisation. Die Menschen übertragen ihr eigenes göttliches Herrschaftsrecht, *potestas iure divino*, durch gemeinsamen Willensentschluss an einen Herrscher. Zur Staatsbildung überträgt das Volk somit die ihm übertragene göttliche Macht einem Herrscher, der dadurch nun gleichermaßen menschlich wie göttlich legitimiert ist.[34] Zur Bestätigung dieser Haltung führt Ockham auch die heidnischen Völker an, die ebenfalls mit Herrschaftsfähigkeit ausgestattet seien. Auch daher könne es keine Subordination weltlicher unter die kirchliche Macht geben.[35]

Im Weiteren nutzt Ockham nun unter Anspielung auf die Konstantinische Schenkung die Rechtsübertragung des römischen Reichs an den Papst zur näheren Verhältnisbestimmung der beiden Schwerter. Er erkennt die Übertragung des weltlichen Schwerts, also des Rechts an Kaisertum und Reich an ein anderes Volk oder auch an den Papst als zulässig und weist damit gleichzeitig nach, dass Ludwig von Bayern legitimer Rechtsnachfolger des Römischen Reichs war.[36]

---

[31] **Miethke:** Dialogus, III Dialogus I i, c.5 (S. 85)
[32] Zum folgenden: **Mantey:** Zwei Schwerter, S. 87ff
[33] **Kölmel:** Ockham S. 205
[34] **Miethke:** Dialogus, III Dialogus II i, c. 26 (S. 279)
[35] **Mantey:** Zwei Schwerter, S 117
[36] **Junghans:** Ockham S. 269

Es müsse aber unterschieden werden zwischen dem Besitz- und dem Gebrauchsrecht des Schwertes. Das Gebrauchsrecht am Schwert könne nicht übertragen werden, weil ein Recht in seiner Gesamtheit nur von denen übertragen werden könne, die daran selbst auch gemeinschaftliches Recht besitzen. Der Schwert*gebrauch* sei aber nicht dem Volk eigen, sondern Sache des Herrschers, dem das Volk das Gebrauchsrecht auch nicht entziehen könne. Das Volk könne jedoch das Vorschlagsrecht für den Kaiser an den Papst übertragen[37]

Im Gegensatz zu seinem Zeitgenossen Marsilius von Padua erkannte Wilhelm von Ockham jedoch in geistlichen Fragen das Primat des Papstes an und wies ihm in diesen Dingen auch strafrechtliche Gewalt zu, soweit sie nicht gegen die Heilige Schrift ausgeübt wurde.[38]

4.2. zur allegorischen Auslegung von Lk 22,38

1342 setzt sich Ockham in den *Octo questiones de potestate papae* auch mit der allegorischen Auslegung von Lk 22,38 als einem wesentlichen Baustein der kurialistischen Argumentation für die Subordination des weltlichen unter das geistliche Schwert auseinander.[39] Für ihn sei der kurialistische Vortrag, Lk 22,38 wäre Beweis für den doppelten Schwertbesitz der Kirche, keineswegs ausreichend, da für eine solcherart mystische Auslegung eine zweite Bibelstelle für einen Sachverhalt vorliegen müsse.[40] Ebenso wie Quidort[41] zieht auch Ockham Eph 6,17 für eine Auslegung nach dem Literalsinne heran, wonach „Schwert" auch mit „Wort" gleichgesetzt werden könne und müsse. Diese Auslegung sei zumindest ebenso zwingend, wie die der Schwerter als Gewalten[42] Keinesfalls ließe sich jedoch eindeutig die Definition der beiden Gewalten als weltliche und geistliche herleiten. Eine Bestimmung der beiden Schwerter als zwei weltliche oder zwei geistliche Gewalten sei gleichfalls möglich. Und schließlich sei die Frage der Subordination eines Schwertes unter das andere nicht bewiesen, da in Lk 22,38 mindestens zwei Personen die Schwerter in Händen halten.

Mit Wilhelm von Ockham wird sowohl im *Dialogus* als auch in der Widerlegung von Lk 22,38 als Beweis für die Subordinationslehre Bernhards von Clairvaux schon im Sprachgebrauch, mehr aber noch inhaltlich eine deutliche Entwicklung der bisherigen

---

[37] **Miethke:** Dialogus, III Dialogus II i, c. 30 (S. 297ff)
[38] **Junghans:** Ockham, S. 267
[39] **Mantey:** Zwei Schwerter, S. 99
[40] **Mantey:** Zwei Schwerter, S. 100
[41] S. o. Die Rezeption der zwei Schwerter bis 1300, Seite 3
[42] **Mantey:** Zwei Schwerter S. 103

Zwei-Schwerter-Lehre zu einer Lehre der Gewaltenteilung sichtbar. Gleichermaßen tritt der Mensch als von Natur aus vernunftbegabtes Subjekt, das der Heilsvermittlung durch den Papst nicht bedarf, in den Mittelpunkt.

5. Gabriel Biel

Gabriel Biel (vor 1410-1495) hat keine eigenständige Gewaltenlehre entwickelt, die Gedanken Ockhams aber aufgegriffen und wiederum modifiziert.[43] Für Biel sind beide Schwerter Teil der Kirche, die von ihm aber nicht als rechtlich verfasste Kirche, sondern im augustinischen Sinne der künftig zu vollendenen *civitas* begriffen wird. Ihm dient zur Erklärung dafür die Zwei-Lichter-Theorie: Die Kirche sei gleichbedeutend mit dem Firmament, an dem die beiden Lichter der Gewalten aufgehängt seien. Beide Gewalten seien durch die weltliche Beistandspflicht für die Kirche und die Fürbitte der Kirche für die weltliche Gewalt miteinander verbunden.[44]

6. Martin Luther

6.1. Zur Situation bis 1500

Nach einer Zeit großen Elends durch die Pest von 1347 bis 1357, die u. a. eine Halbierung der Bevölkerungszahl zur Folge hatte, trat unter der Regentschaft von Karl IV. (1316 – 1378) als römisch-deutscher Kaiser (ab 1355) eine politische Festigung des Reiches ein. Mit der Goldenen Bulle von 1356 erfolgte eine „endgültige" Bestimmung des Kräfteverhältnisses zwischen Kurfürsten, Kaiser und Papst. Der Kaiser konnte seine Machtstellung gegenüber dem Papst festigen. Damit trat auch im theologischen Diskurs die Frage nach der Verhältnisbestimmung der beiden Schwerter in den Hintergrund ohne dass antikurialistische Autoren, wie etwa Jan Hus, damit außer Lebensgefahr waren.

Auch die auf Karl IV. folgende erneute Zeit schwacher Könige konnte die Kurie in Folge des abendländischen Schismas seit 1378 nicht für eine Rückgewinnung ihrer vormaligen Machtstellung nutzen. Die 1495 unter König Maximilian I. (1459 – 1519, Kaiser seit 1508) durchgeführte Reichsreform, die bereits auf Pläne Kaiser Sigismunds zurückging, stabilisierte das Reich weiter und schuf entscheidende Grundlagen für die Entwicklung des neuzeitlichen Reichs. Trotz der mit der Reform verbundenen Einschränkung der kaiserlichen Gewalt durch ihre Abhängigkeit von den Kurfürsten und dem nun fest insti-

---

43 **Mantey:** Zwei Schwerter, S. 148 (Fn 119)
44 **Mantey:** Zwei Schwerter, S. 150

tutionalisierten Reichstag blieb die relative Selbständigkeit des Kaisers gegenüber dem Papst bestehen.[45]

6.2. Luthers theologischer Hintergrund

Auch wenn allein aus der Existenz verschiedener Schriften Ockhams in der Erfurter Universität[46] nicht unmittelbar auf deren Lektüre durch Luther geschlossen werden darf, kann dennoch mit einer Kenntnisnahme durch Luther gerechnet werden. Zumindest aber über die Schriften Gabriel Biels an der Erfurter Universität und die Bearbeitung von Biels *Exposito* durch Luther[47] dürften auch Ockhams Ansichten ihren Weg in Luthers Denken gefunden haben, zumal Luthers Lehrer Johann Nathin selbst noch bei Biel in Tübingen studiert hatte.[48]

6.3. Die Römerbriefvorlesung1515/16

Für das spätere Verständnis von Luthers Zwei-Reiche-Lehre und insbesondere der Obrigkeitsschrift von 1523, der er den Beginn von Röm 13 voranstellt, enthält die Römerbriefvorlesung aus den Jahren 1515/16 bereits wesentlichen Elemente.[49] Zunächst unterscheidet Luther hier eine inner- und eine außerweltliche Dimension des Menschen, *homo interior*[50] und *homo exterior*.[51] Der *homo interior* und *homo exterior* stehen naturgemäß in wechselseitiger Beziehung zueinander. Für Luther liegt in Röm 13 die bestimmende Verhaltensanweisung für den christlichen *homo interior* gegenüber der weltlichen Gewalt: Der *homo interior* unterwirft sich jedermann und damit auch der von Gott eingerichteten Gewalt.[52] Die Unterwerfung des *homo exterior* unter die weltliche Gewalt geschieht aber nach Willen und Bestimmung des *homo interior*. Seinen Niederschlag findet diese Dialektik dann auch 1520 in der Einleitung zu Luthers „Von der Freiheit eines Christenmenschen": „Ein Christenmensch ist ein freier Herr über alle Dinge und niemand untertan. Ein Christenmensch ist dienstbarer Knecht aller Dinge und jedermann untertan."[53]

---

[45] **Mantey:** Zwei Schwerter, S. 123
[46] **Mantey:** Zwei Schwerter, S. 159 m. w. N. (Fn. 6)
[47] **Mantey:** Zwei Schwerter S. 160
[48] **Mantey:** Zwei Schwerter, ebd.
[49] **Duchrow:** Christenheit und Weltverantwortung, S 479
[50] **Heckel, J.:** Lex charitatis, S. 60
[51] **Heckel, J.:** Lex charitatis, S. 32; **Mantey:** Zwei Schwerter, S. 163f
[52] **Mantey:** Zwei Schwerter, S. 164
[53] **Luther:** WA VII 12ff

6.4. Ablasskritik

Mit der Veröffentlichung seiner 95 Disputationsthesen am 31.10.1517 in Wittenberg kritisiert Luther die kirchliche Praxis, sich gegen Geld von seinen Sünden freizukaufen, glaubt aber noch, dass dies ohne päpstliches Wissen geschehe: „Wenn der Papst um die Ablasspraxis wüsste, würde er lieber die Peterskirche zu Staub terfallen lassen, als sie mit Haut, Fleisch und Knochen seiner Schafe aufzubauen."[54] Die Behauptung der Kirche, mittels der Ablassbriefe nicht nur die Lebenden sondern auch die Toten von ihren Sünden zu befreien, ist die Konsequenz aus ihrem Glauben an die vollumfänglichen Stellvertretung Christi durch den Papst.[55] Indem Luther seine Kritik auch gegen diese jenseitige Wirkung der Ablassbriefe richtet, stellt er die päpstliche Autorität und deren Heilsvermittlung in Frage. Seit dem Schlusssatz der Bulle *Unam sanctam* von 1302 stellt aber gerade diese Heilsvermittlung ein unumstößliches Verdikt dar. In den Erläuterungen seiner Thesen für Papst Leo X. wendet sich Luther mit Eph 6,17, wie zuvor schon Marsilius, Ockham u. a., auch gegen die doppelte Schwertzuschreibung an den Papst und verweist auf die Interpretation des Schwertes allein als Wort Gottes.[56]

6.5. Leipziger Disputation

In der Leipziger Disputation mit Johannes Eck gewinnt für Luther offenbar die Bergpredigt mit ihren Duldsamkeitsgeboten durch Jesus größeres Gewicht und tritt in seiner Argumentation als ein neuer Aspekt hinzu:[57] Der Christ müsse die Weltordnung gemäß Mt 5,25.41 („25Suche dich mit deinem Gläubiger gütlich zu einigen, solange du noch auf dem Weg zum Gericht bist. Sonst wird er dich dem Richter ausliefern, und der wird dich dem Gerichtsdiener übergeben, damit er dich ins Gefängnis steckt. 41Und wenn einer dich zwingt, ein Stück weit mit ihm zu gehen, dann geh mit ihm doppelt so weit.") erdulden. Luther erkennt die Existenz einer päpstlichen Gewalt an, das Papsttum sei aber nicht biblisch begründet, sondern entspringe nur der innerweltlichen Ordnung durch den Menschen.

Luther setzte sich zur Untermauerung seiner antikurialistischen Thesen auch intensiv mit den kanonischen Rechtssätzen auseinander und unterscheidet dabei zwischen Gottes Gebot und denen der Kirche:[58] „Was aber die gewalt und ubirkeit Romisches stuels vormag, und wie ferne sich diesel streckt, laß die gelerten außfechten, dan daran der seelen seickeyt gar

---

[54] **Mantey:** Zwei Schwerter, S. 166 (Fn. 3)

[55] **Mantey:** Zwei Schwerter, S. 168

[56] **Mantey:** Zwei Schwerter, S. 170

[57] **Mantey:** Zwei Schwerter, S. 180

[58] **Mantey:** Zwei Schwerter, S 181

nichts gelegen, und Christus seyne kirche nit auff due eußerliche, scheynbare gewalt unnd ubir-
keyt adder eynige zeitliche dingk, die der welt und weltlichen gelassen ist, sunder yn die ynwendi-
ge lieb, demut unnd eynickeyt gesetzt und gegrundet hatt.“[59] Kurz gesagt, für das menschliche
Heil ist nicht kirchliche Gelehrsamkeit, sondern die dem Menschen innewohnende Liebe
und sein Glaube ausschlaggebend. Damit erfolgt durch Luther eine weitere Transformation der Lehre von Ockham und Biel: Verstand Biel die Kirche noch als über beiden Gewalten stehendes von Gott eingesetztes Firmament, setzt Luther das göttliche Recht mit
der Schrift gleich und ersetzt Biels Firmament nun allein mit dem Glauben an Christus
und Gottes Wort. In Konsequenz dessen könne ein wahrhaft glaubender Christ mehr
Recht haben als die ganze Kirche.[60]

6.6. Das weltliche Schwert und das Widerstandsrecht

Während Luthers Auseinandersetzung um die Rolle der Kirche in der Welt rückt er
in seinem *Sermon von den guten Werken* auch die Funktion des weltlichen Schwerts und
inwieweit der Mensch diesem Gehorsam[61] oder Widerstand[62] zu leisten habe in den Blick.

Gott habe das weltliche Schwert eingesetzt, damit es die Übeltäter bestrafe,[63] während der Gebrauch des weltlichen Schwertes durch die Kirche neue Sünde hervorbringe.[64]
Der weltlichen Macht obliege u. a. die Bekämpfung „des fressens und sauffens“[65] Sofern
sich die Geistlichkeit gegen Wort und Gesetz vergeht, hält er den Widerstand des Menschen bis hin zum Finanzboykott für den Klerus für geboten.[66] Hier findet sich bei Luther,
entgegen einer weithin verbreiteten Ansicht, sehr wohl die Legitimation eines wenn auch
passiven, aber dennoch potentiell recht wirkungsvollen christlichen Widerstands. Ein
aktiver Widerstand soll jedoch der Obrigkeit im Rahmen des naturrechtlichen Notrechts
zum Schutz des *bonum commune* der Untertanen vorbehalten bleiben.[67]

Aber auch die weltliche Gewalt unterliege der Gefahr von Fehlverhalten, etwa durch
die Verfolgung von Bagatelldelikten bei gleichzeitiger Duldung schwerer Vergehen.[68] Da

---

[59] **Luther:** WA II, 73, 6–11
[60] **Mantey:** Zwei Schwerter, S 182ff
[61] **Luther:** WA VI 196, 202–276
[62] **Luther:** WA VI 257, 26f
[63] **Luther:** WA VI 1, 3–8
[64] **Luther:** WA VI 64, 30–32
[65] **Luther:** WA VI 261,25
[66] **Luther:** WA VI 257, 34ff
[67] **Luther:** WA VI 258, 24–27
[68] **Luther:** WA VI 260, 4–13

solcherart Vergehen der weltlichen Macht sich aber nicht gegen die ersten drei Gebote richten, seien sie minder bedeutsam und rechtfertigten keinen Widerstand.[69]

6.7. Die zwei Schwerter in der Obrigkeitsschrift

Luthers Schrift *Von weltlicher Obrigkeit. Wie weit man ihr gehorsam schuldig sei* kommt bei der Entwicklung der Zwei-Reiche-Lehre entscheidende Bedeutung zu. Auch wenn er zur Verhältnisbestimmung der beiden Schwerter, wie oben gezeigt, zuvor bereits vielfach Stellung bezogen hat, enthält diese Schrift von 1523 zentrale Antworten auf die Frage nach der Gewaltlosigkeit eines Christen.

Indem zuletzt Luther der Geistlichkeit das weltliche Schwert entzogen hatte und durch das dem Christen auferlegte Verbot der Strafausübung nach Mt 5,38-41 bestand die Gefahr eines Machtvakuums und damit die Staatsordnung gefährdender Anarchie, die sich ja auch teilweise in den Wittenberger Unruhen von 1522 zu verwirklichen schien.

Für die kurialistische Position bestand das Problem gar nicht. Nach ihrer Lesart war das weltliche Schwert dem Papst übereignet, der es der weltlichen Gewalt auch zum Gebrauch übertragen konnte. Ockham hatte im Armutsstreit die Brisanz der behaupteten Armut Christi erkannt. Sofern Christus besitzlos war, konnte er auch kein weltliches Schwert über Petrus an den Papst übertragen haben. Indem er das weltliche Schwert den Menschen als direkt von Gott übermittelt annahm, konnte er aber den Konflikt mit dem in der Bergpredigt geforderten völligen Gewaltverzicht eines Christen nicht überzeugend lösen.

Luther sah den entscheidenden Fehler in der bislang unzutreffenden Bestimmung der Vollkommenheit eines Menschen. Für ihn kann Vollkommenheit nicht durch menschliches Tun erreicht werden, sondern es sei dem Christen bereits von Geburt an durch die Gnade Gottes in Glaube und Liebe in sein Herz gegeben.[70] Das geistliche Reich Gottes, dem die Christen Kraft ihres Glaubens angehören, sei mit Christus bereits in der Welt.[71] Da die Angehörigen dieses Reichs aus christlicher Liebe bereits mehr tun, als das Recht erfordere, sei unter ihnen keine Strafgewalt notwendig[72] und die geistliche Gewalt erstrecke sich nur über die äußeren geistlichen Dinge, da Gott selbst über die Seele des Menschen regiere.[73] Demgegenüber stünden im weltlichen Reich die Nichtchristen auch unter

---

[69] **Luther:** WA VI 259, 19ff
[70] **Luther:** WA XI 249, 18–23 ff
[71] **Luther:** WA XI 249, 26ff
[72] **Luther:** WA XI 249, 36ff
[73] **Luther:** WA XI 264, 7f

dem weltlichen Recht.[74] Dieses weltliche Reich teilen die Nichtchristen aber mit den Christen, die jedoch als solche nicht sicher zu erkennen seien.[75] Für Nichtchristen könne jedoch das christliche Erduldungsgebot nicht gelten. Daher bedürfen sie eines sie reglementierenden Schwertes[76] Die Christen gehörten jedoch nur durch die freie Selbstbindung als Glaubende, durch die auf den Nutzen des Mitmenschen gerichtete Nächstenliebe zum weltlichen Reich.[77]

Offen bleibt noch die Frage, ob das weltliche Schwert auch durch einen Christen geführt werden darf? Luther sieht darin kein Problem: Da die Nächstenliebe auch ihren Ausdruck in der Förderung der weltlichen Gewalt und staatlichen Ordnung finden könne, dürfe auch ein Christ das weltliche Schwert führen.[78]

7. Ergebnis

Grundlage der christlichen Gewaltenlehre sind die augustinische *civitas Dei* und die *civitas terrana*. Durch Petrus Damiani wurden die beiden Gewalten nach Lk 22,38 allegorisch als zwei Schwerter aufgefasst. Durch Bernhard von Clairvaux erfolgte eine Subordination des weltlichen unter das geistliche Schwert. Diese Machtstellung sollte durch die Bulle *Una sanctam* von 1302 und die darin postulierte alleinige Heilsvermittlung durch die Kirche manifestiert werden. Besonders durch Wilhelm von Ockham wurde im Spätmittelalter die bernhardinische Subordinationslehre exegetisch kritisiert und das Verhältnis der Schwerter als gleichermaßen direkt von Gott gegeben definiert. Ockhams Verdienst besteht darin, einen Weg für eine vernunftgeleitete Überwindung der Sünde gewiesen zu haben. Luther lag seiner Rezeption der Zwei-Schwerter-Lehre sowohl die augustinische Unterscheidung, als auch deren Transformation durch die spätmittelalterlichen Antikurialisten zugrunde. Begünstigt durch die politischen Rahmenbedingungen eines gestärkten römischen Kaisertum gegenüber einer zunehmend geschwächten Kurie und die Erfindung des Buchdrucks erfuhr seine Theologie eine ungeahnte Dynamisierung, die letztlich seiner Gewaltenteilungslehre zum reformatorischen Erfolg verhalf, wie er bei gleichen technischen Möglichkeiten vielleicht auch schon Wilhelm von Ockham oder Marsilius von Padua möglich gewesen wäre.

---

[74] **Luther:** WA XI 251, 1f
[75] **Luther:** WA XI 251, 35–37
[76] **Luther:** WA XI 252, 8–14
[77] **Luther:** WA XI 253, 23ff
[78] **Luther:** WA XI 254, 37–255,4